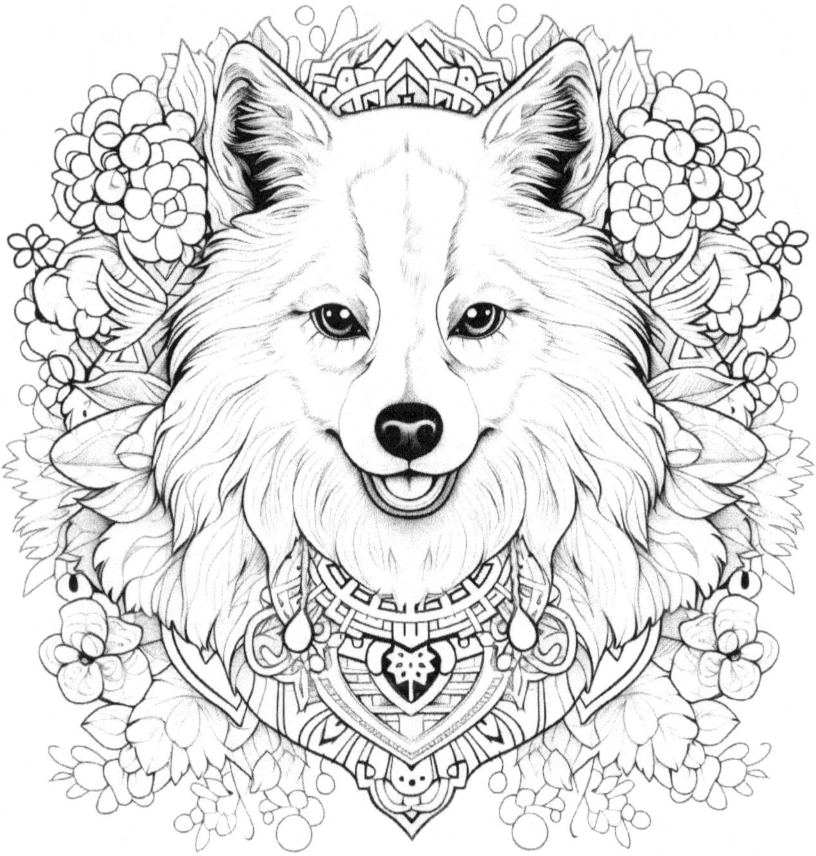

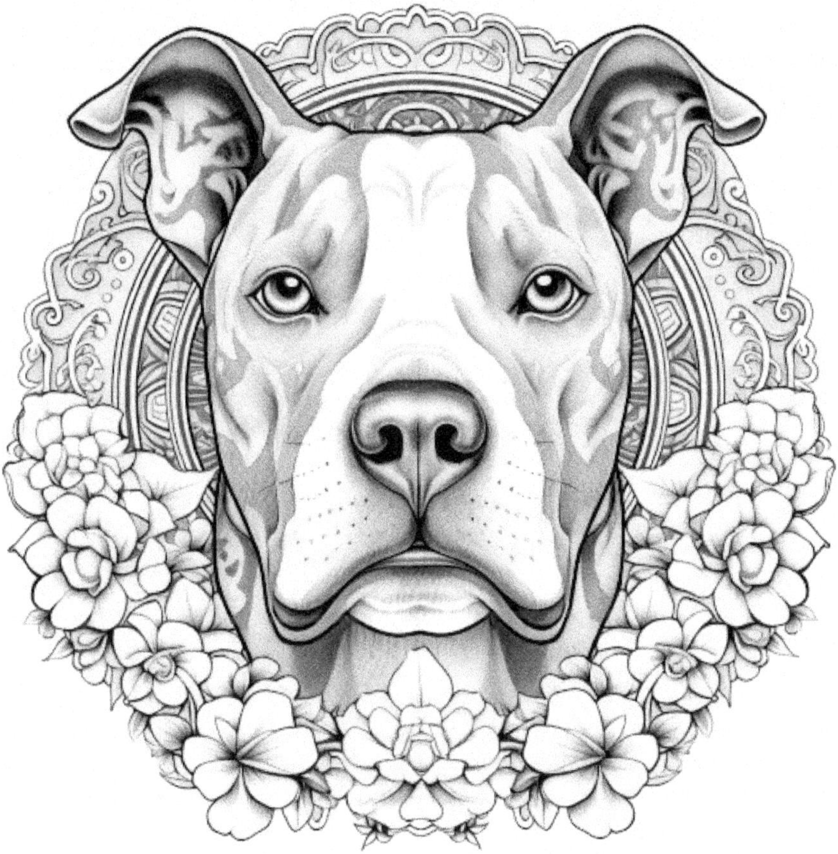

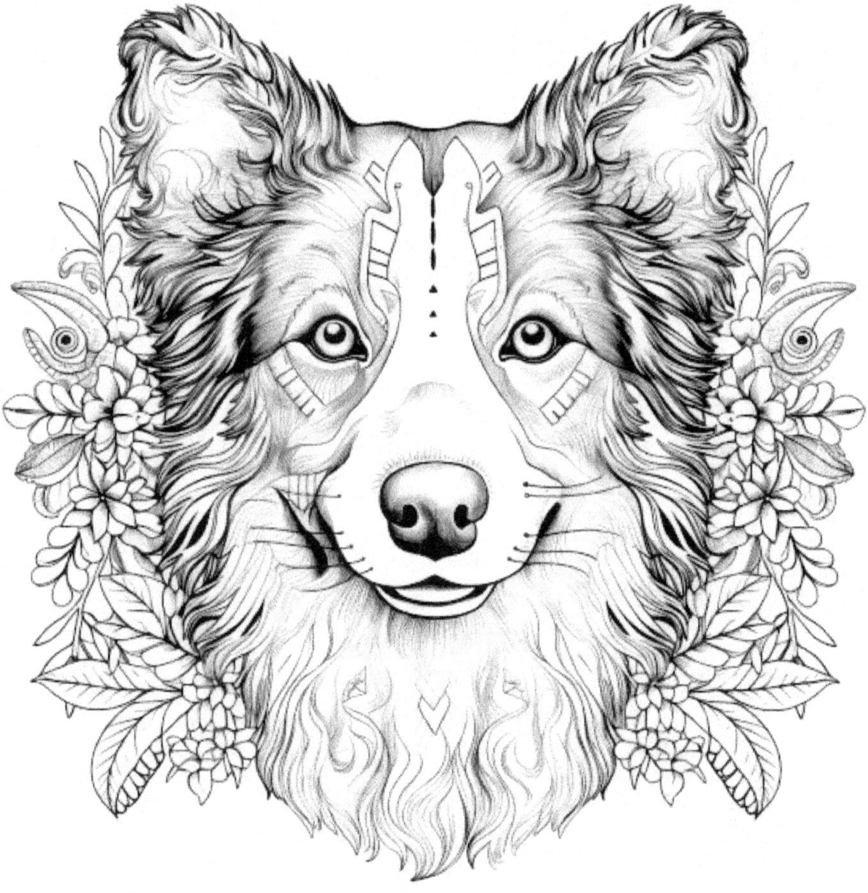

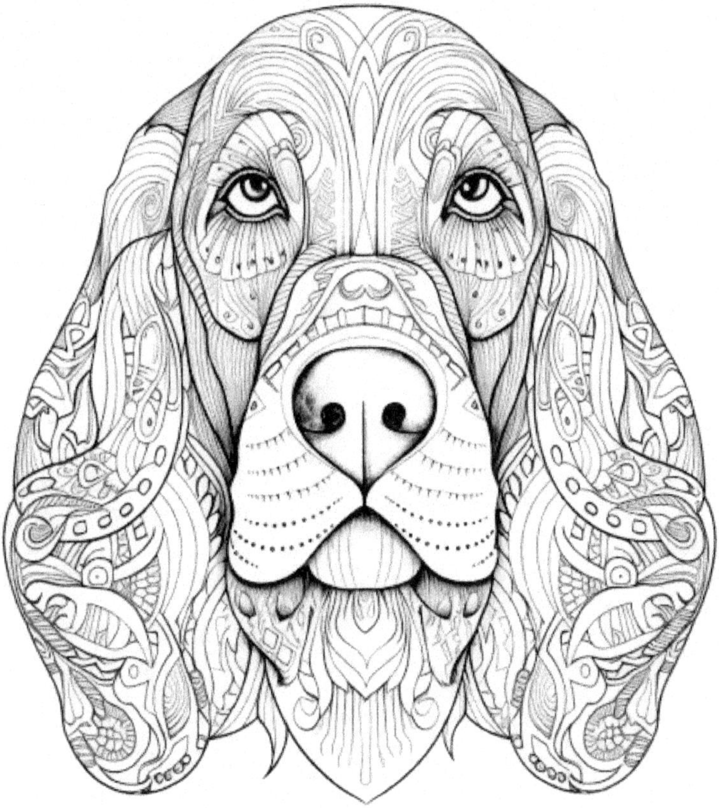

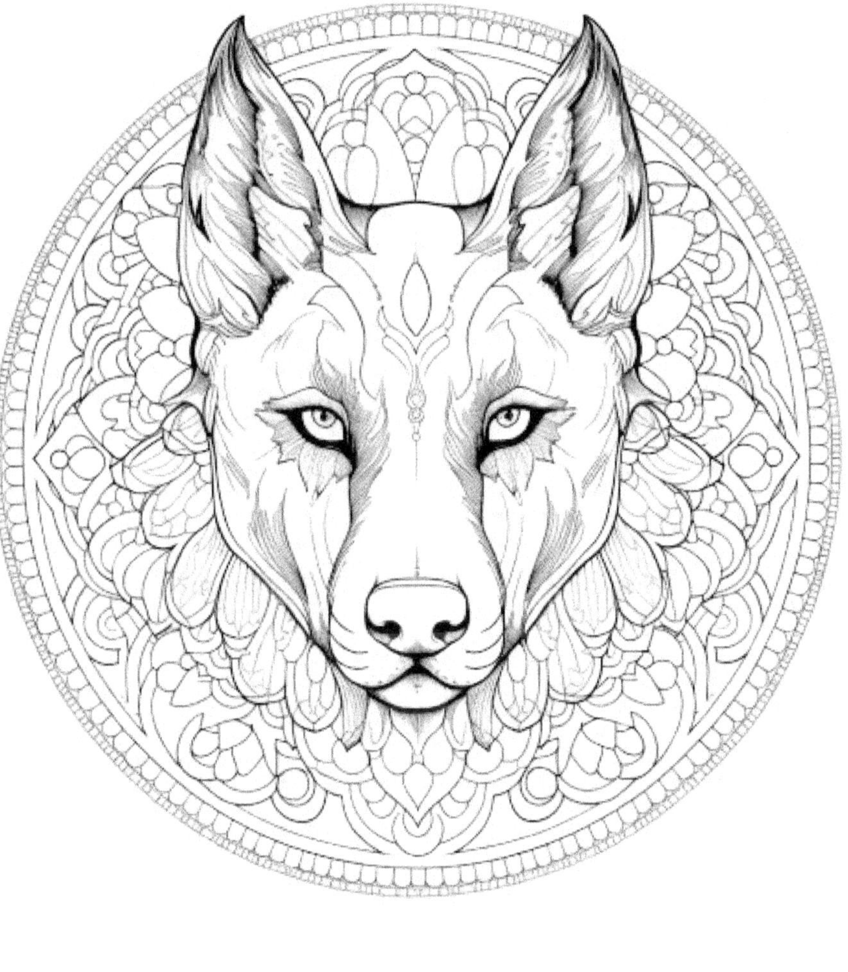

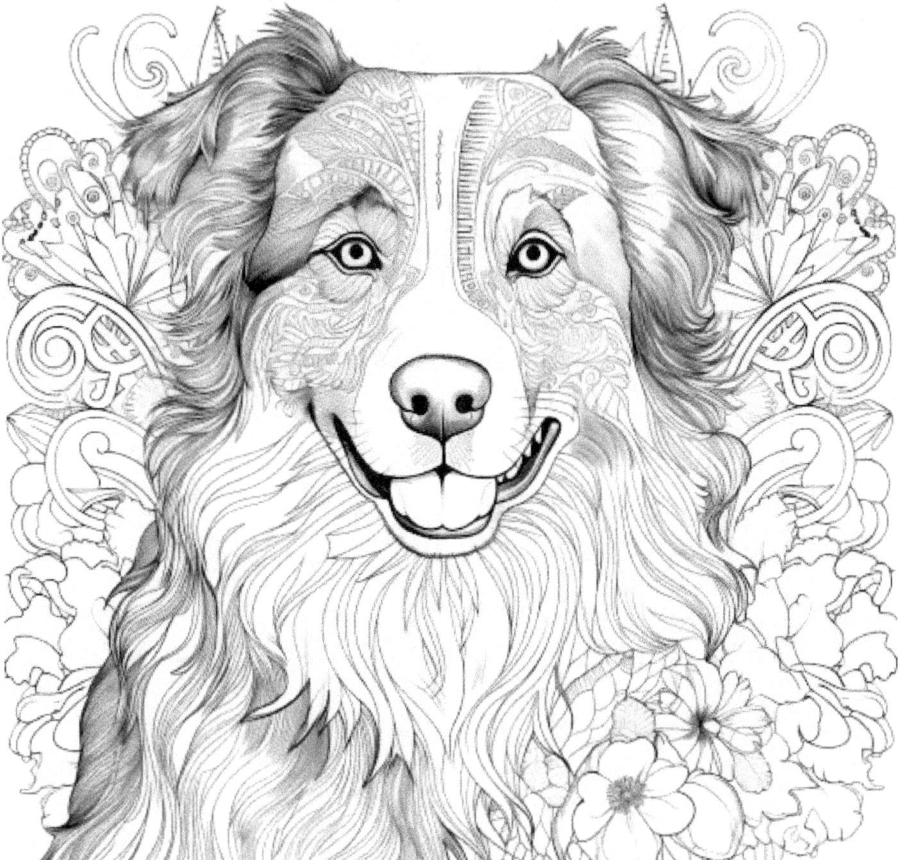

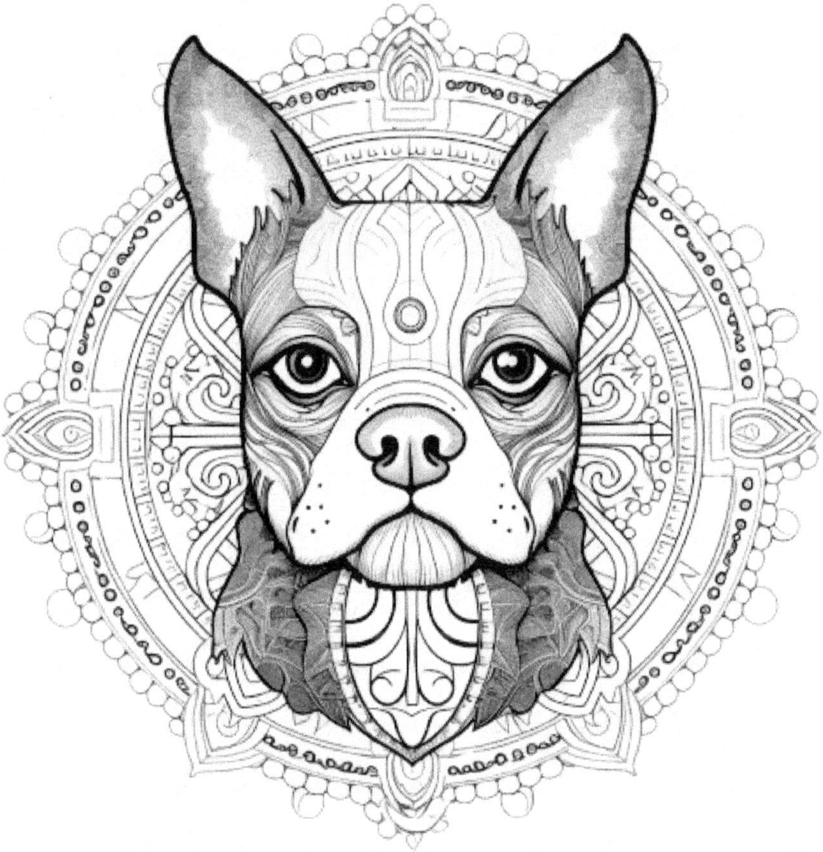

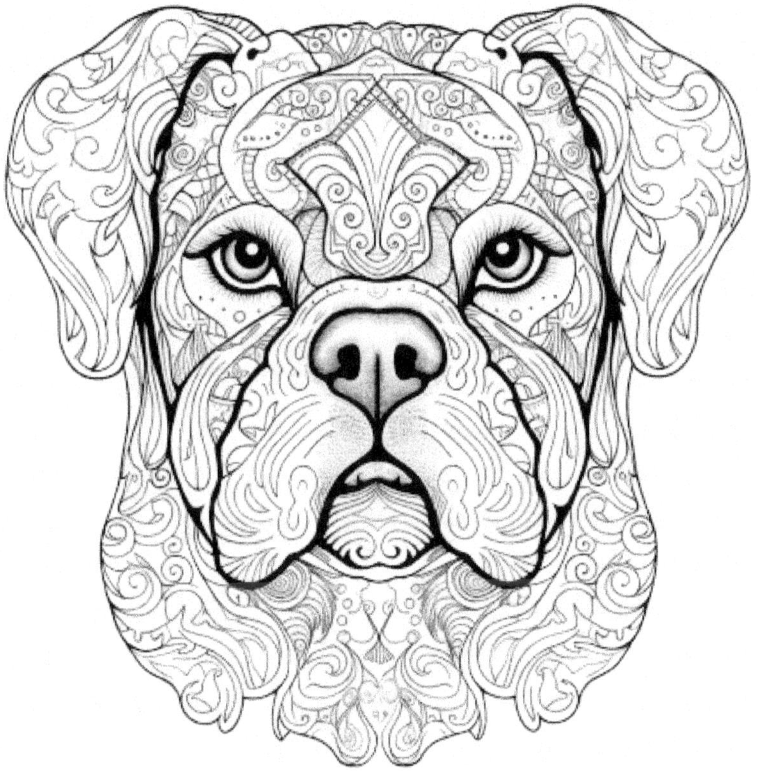

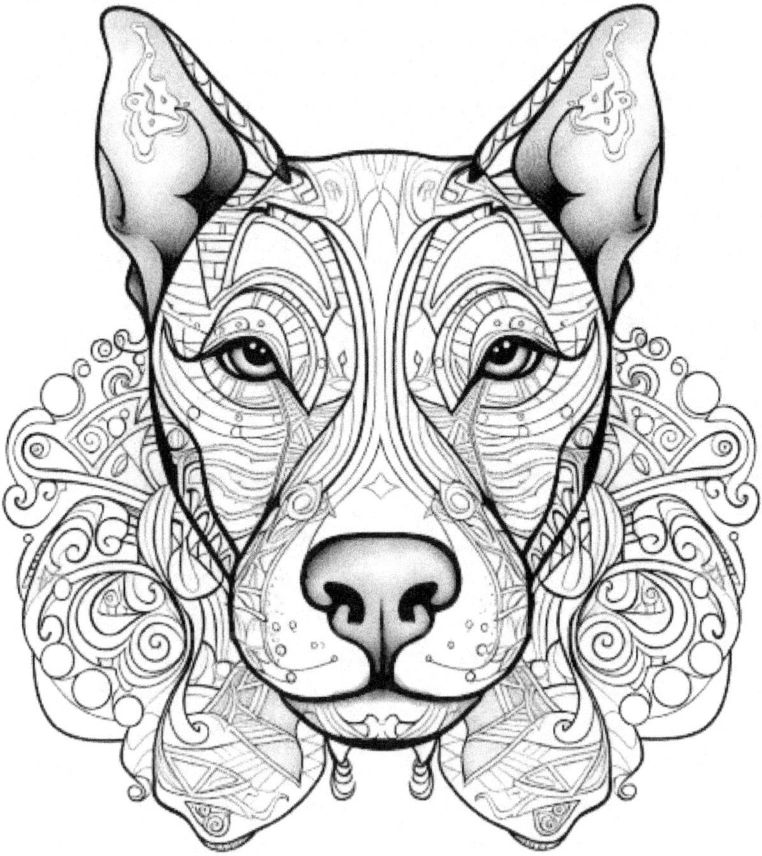

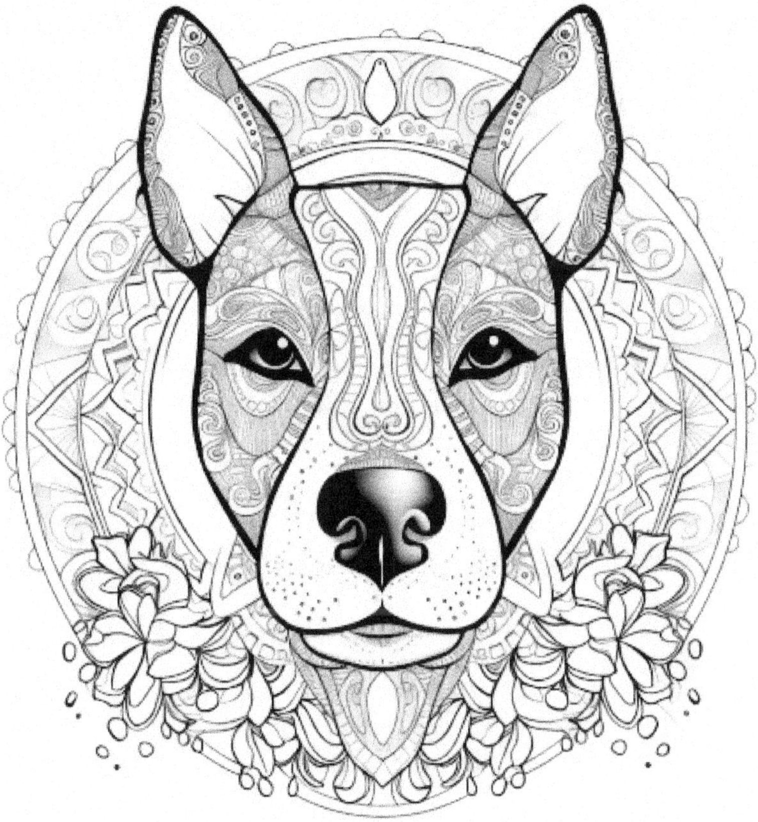

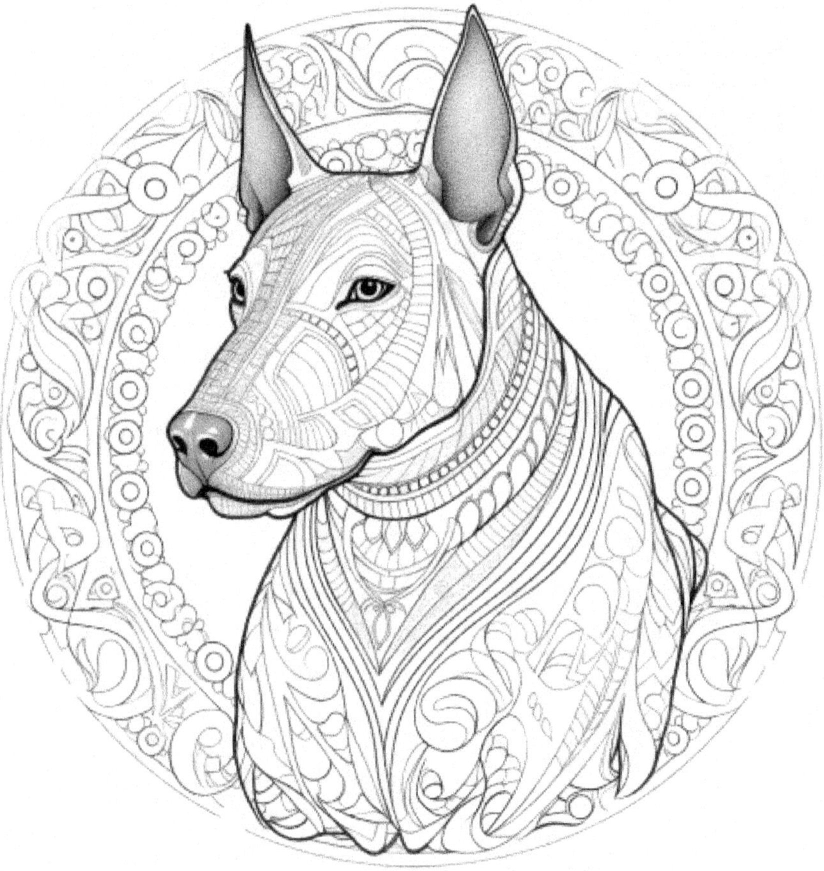

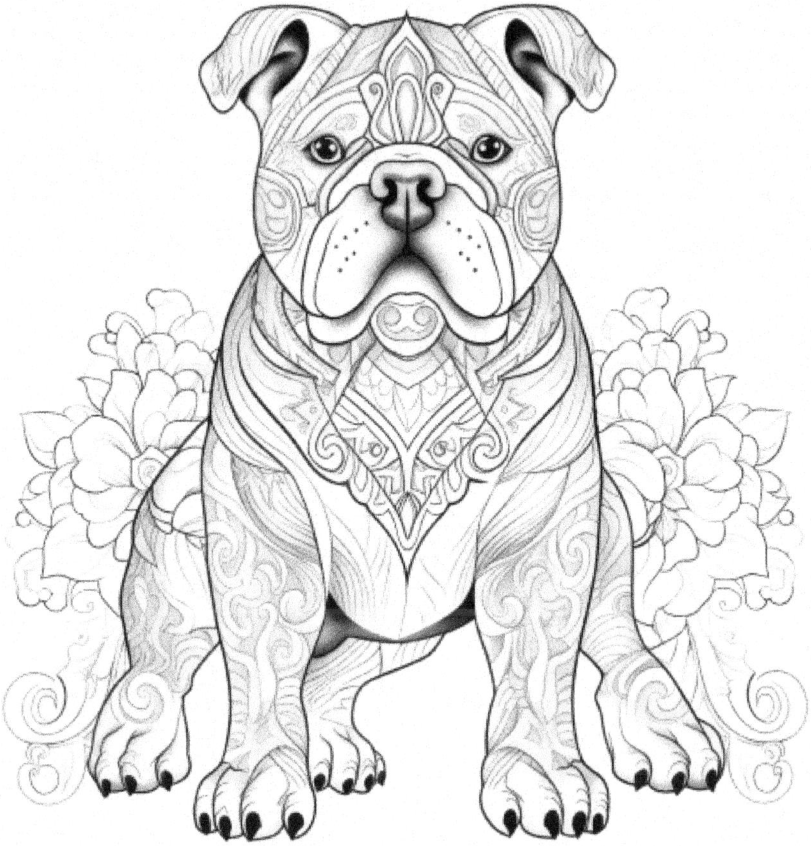

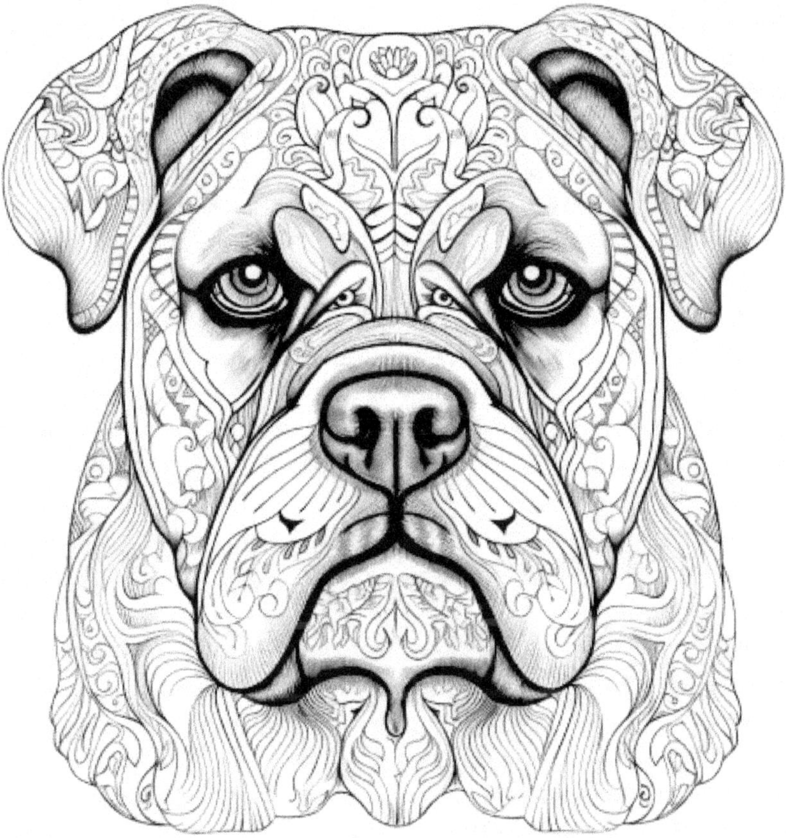

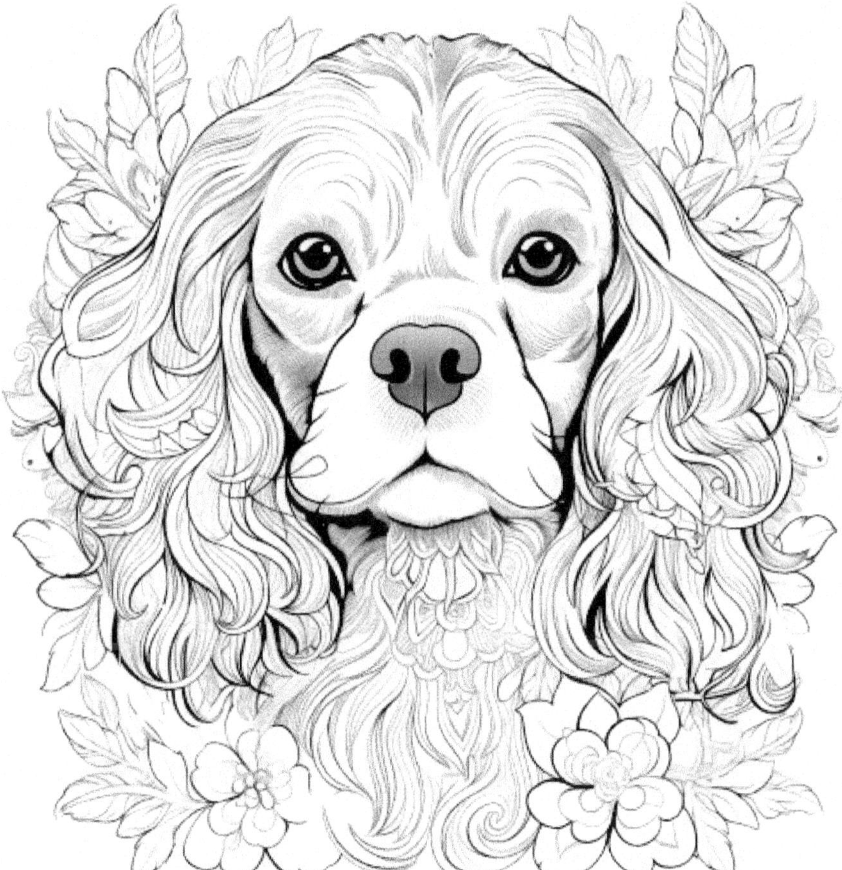

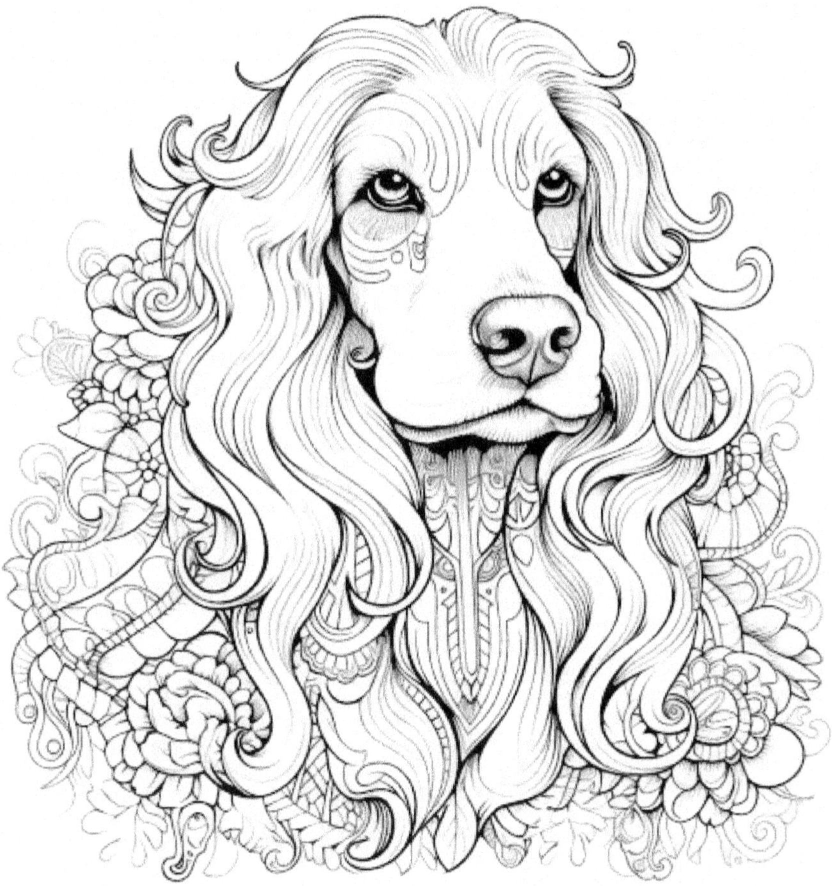

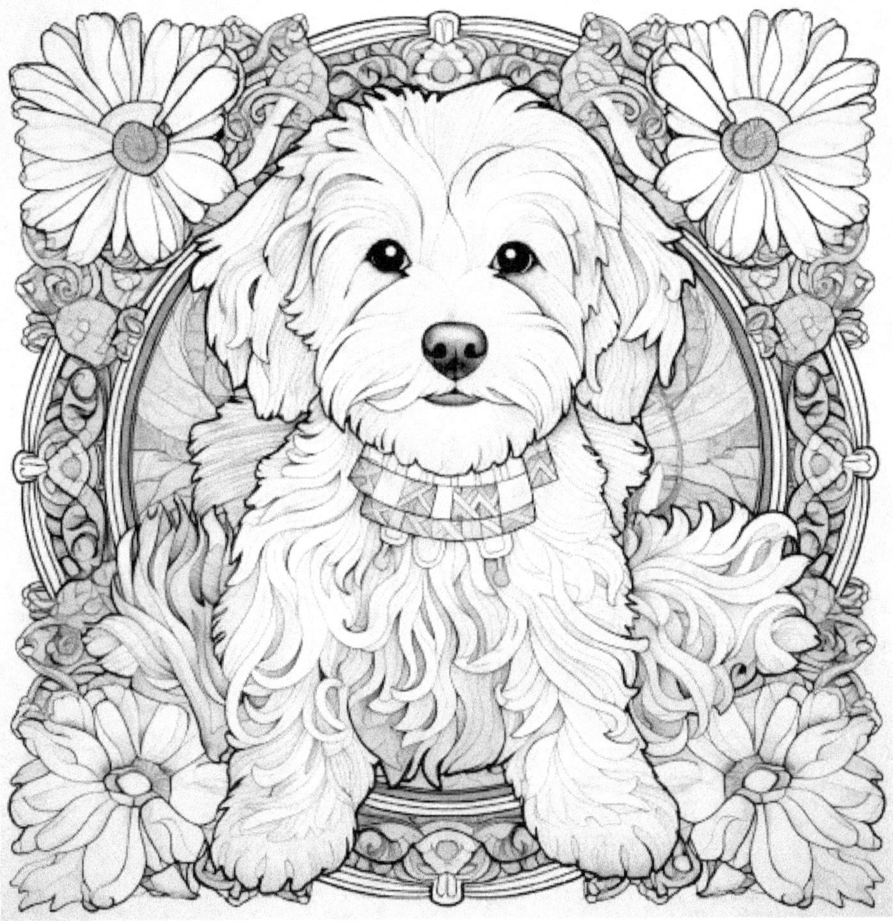

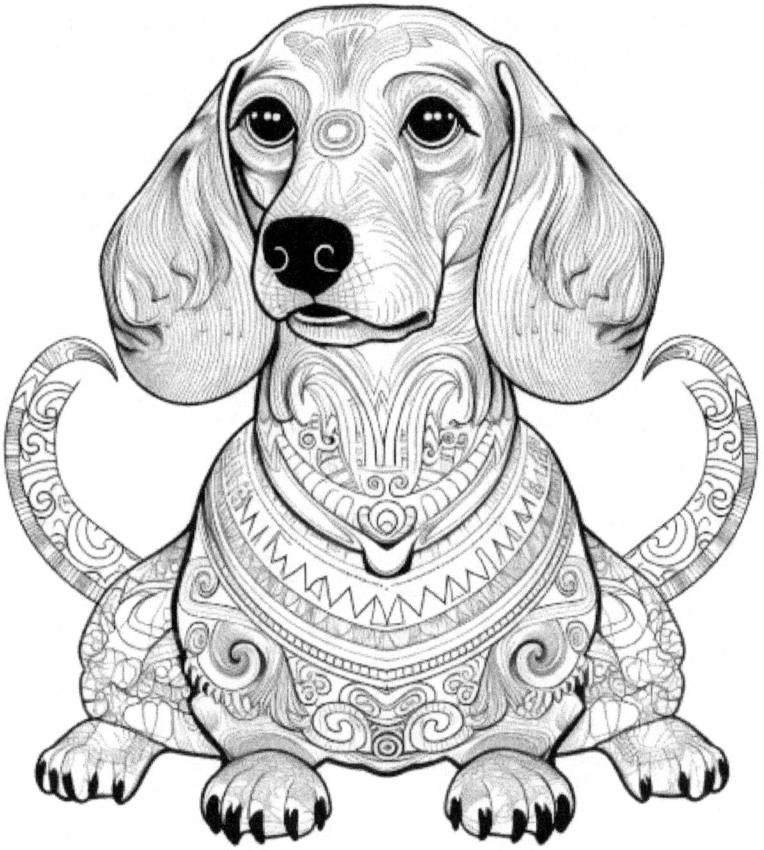

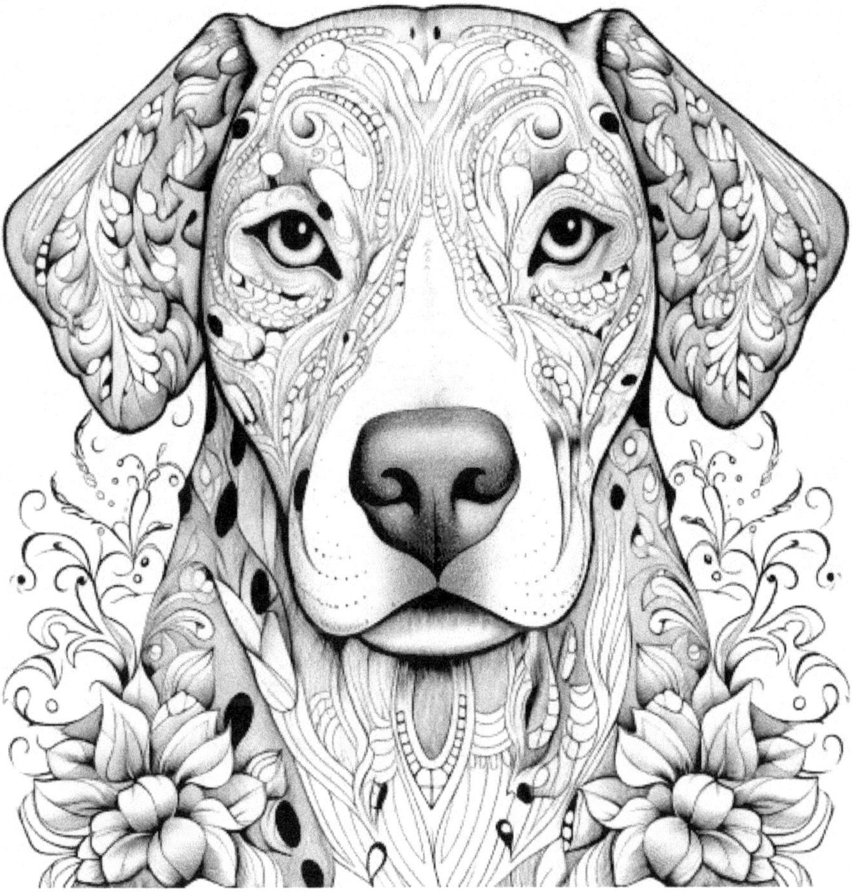

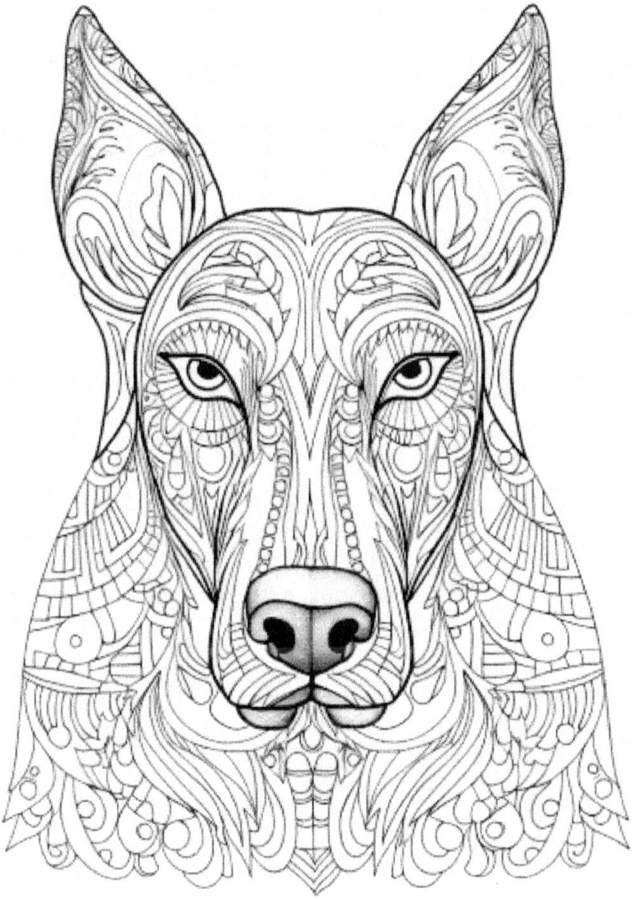

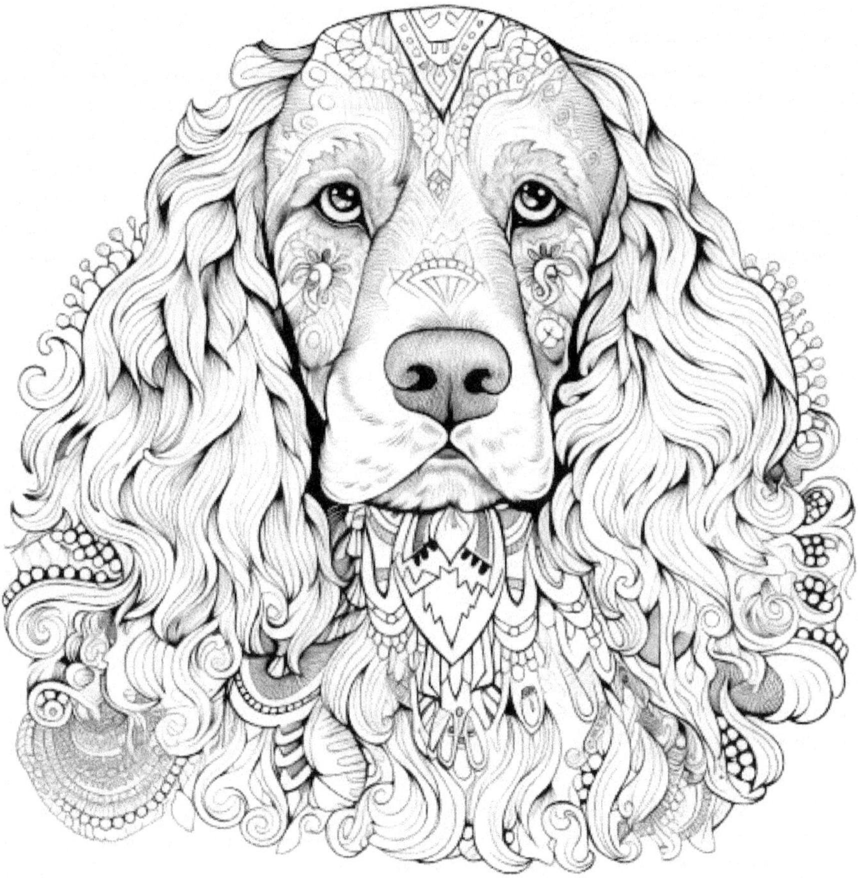

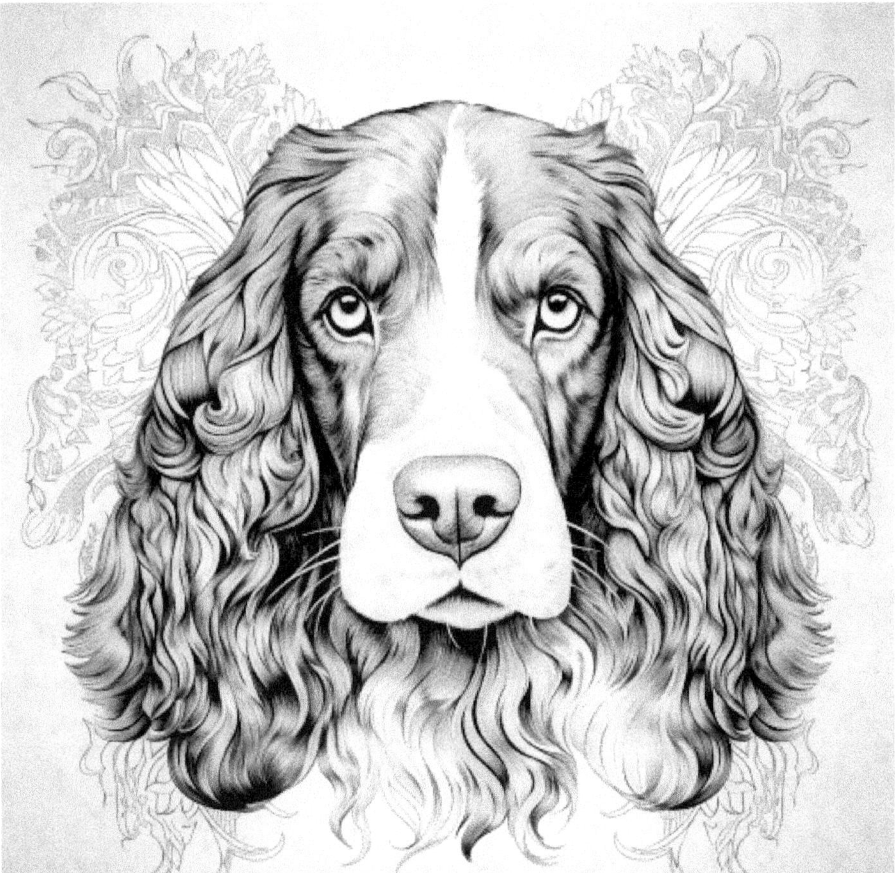

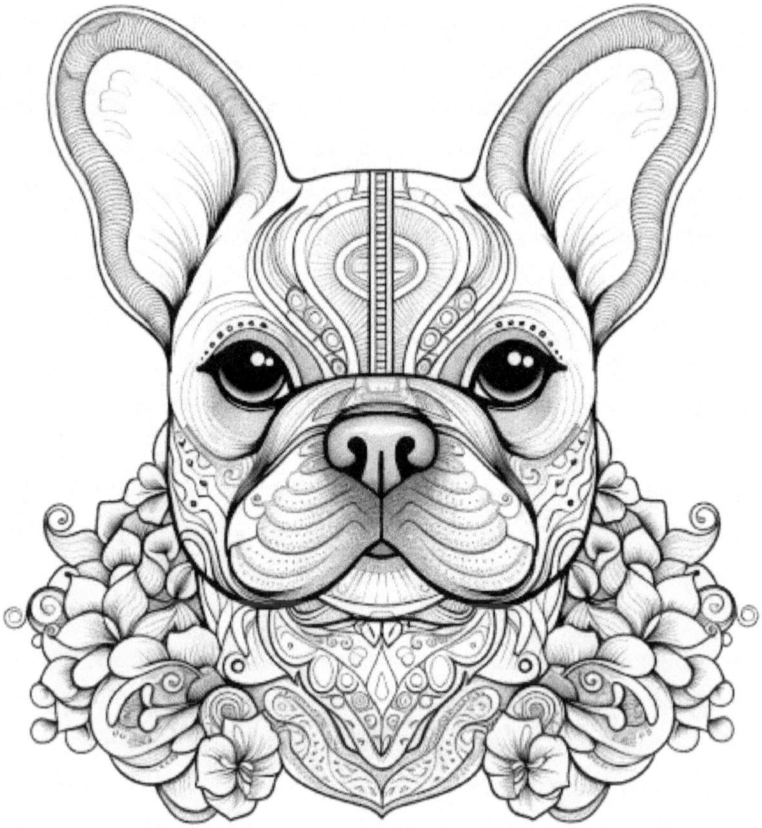

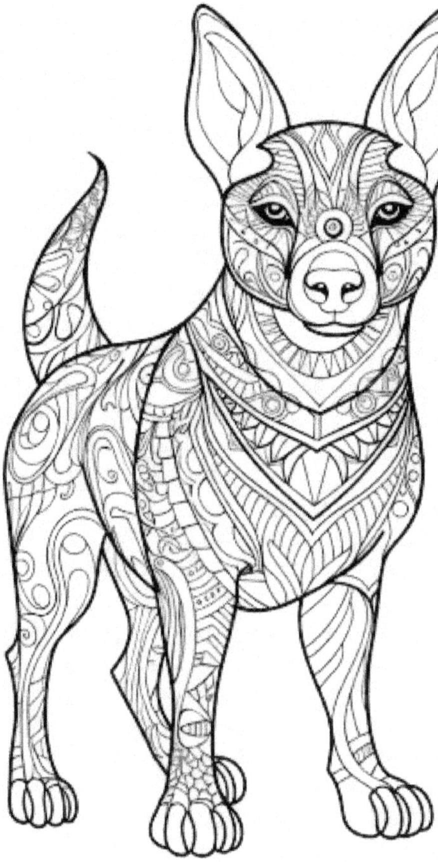

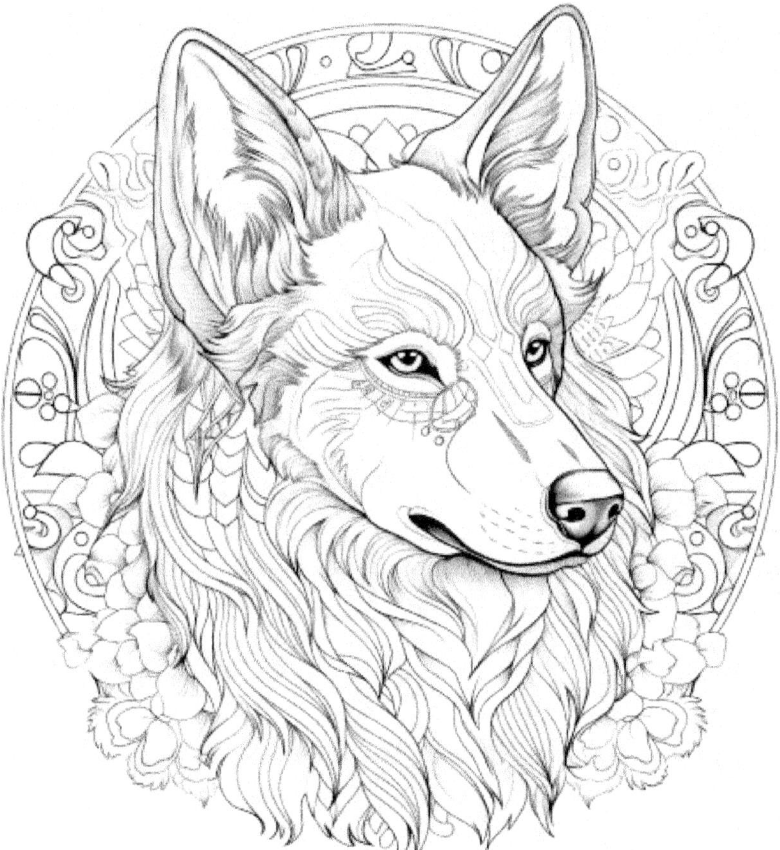

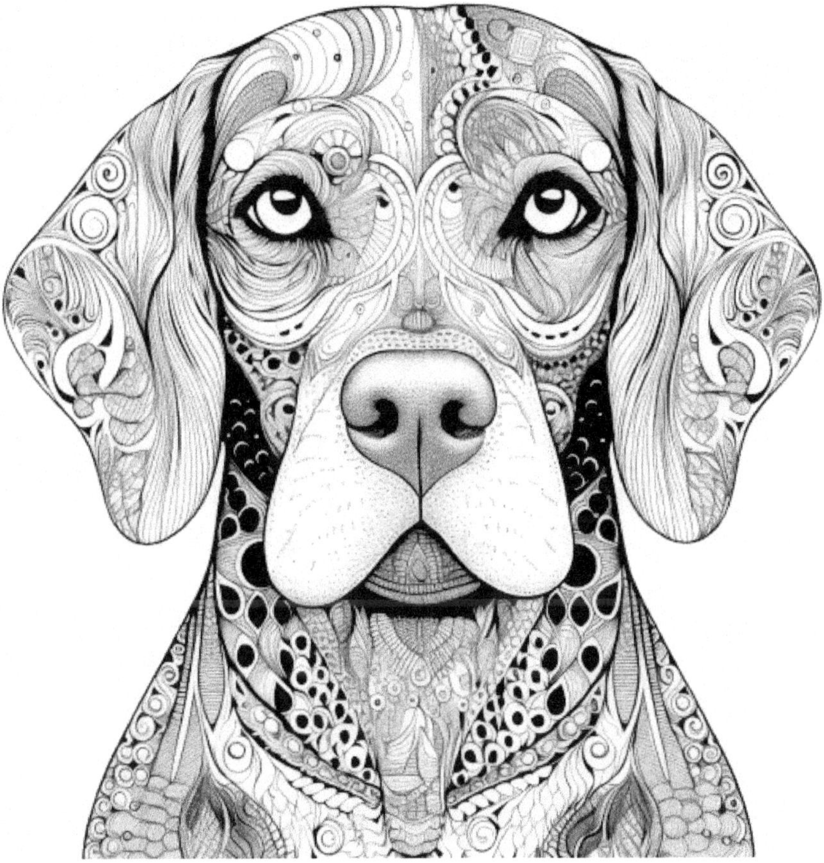

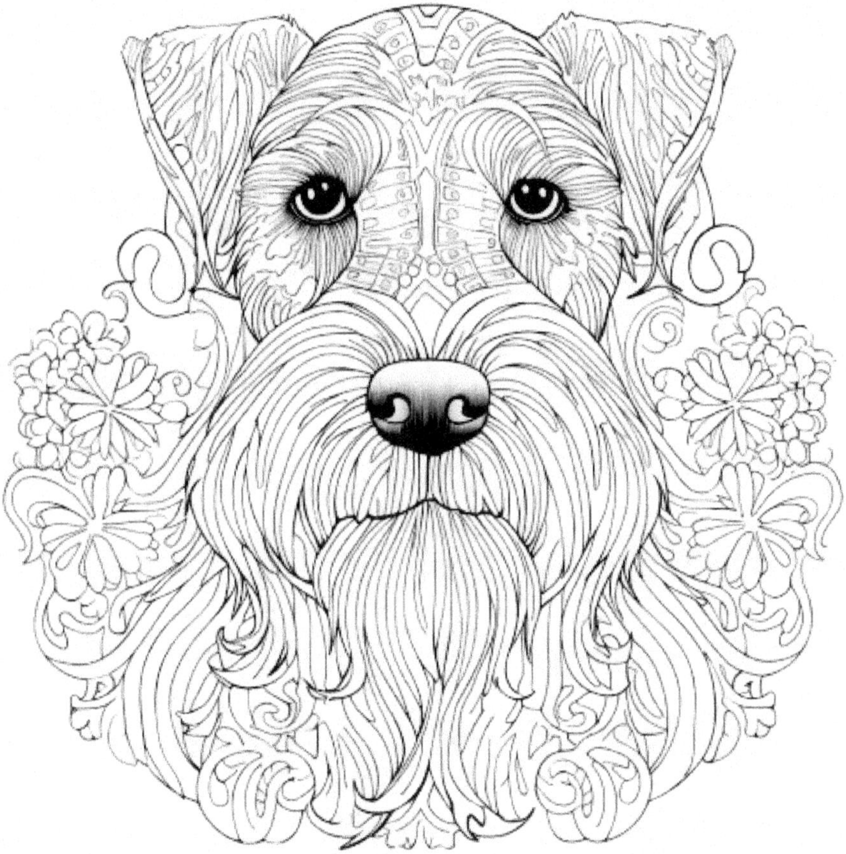

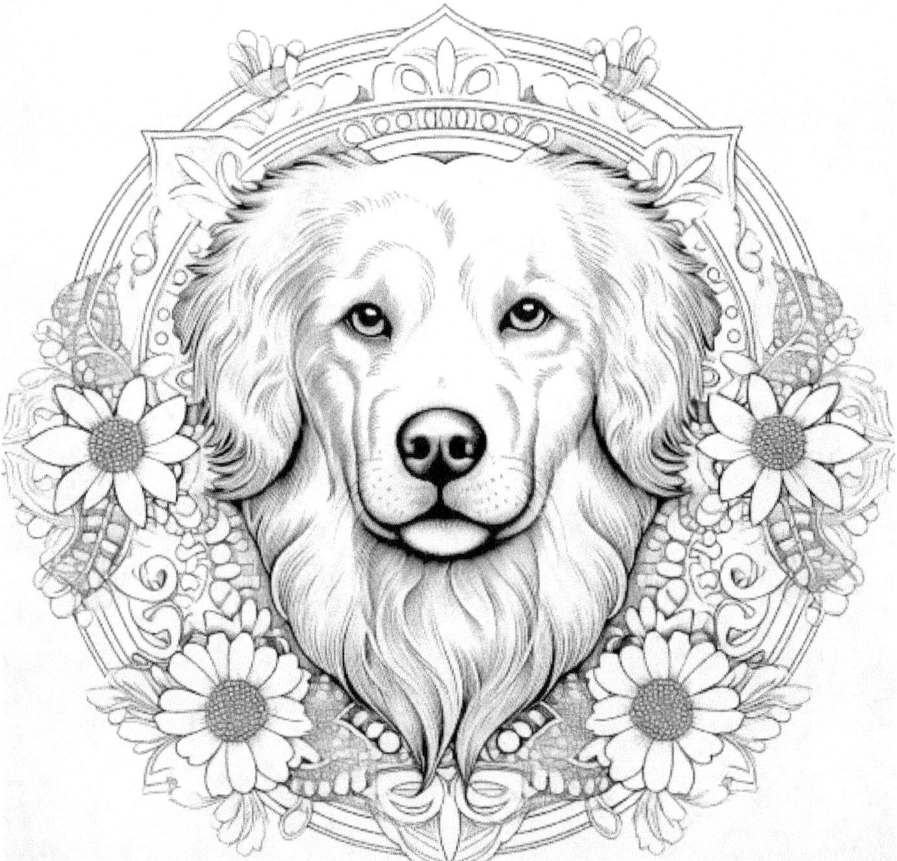

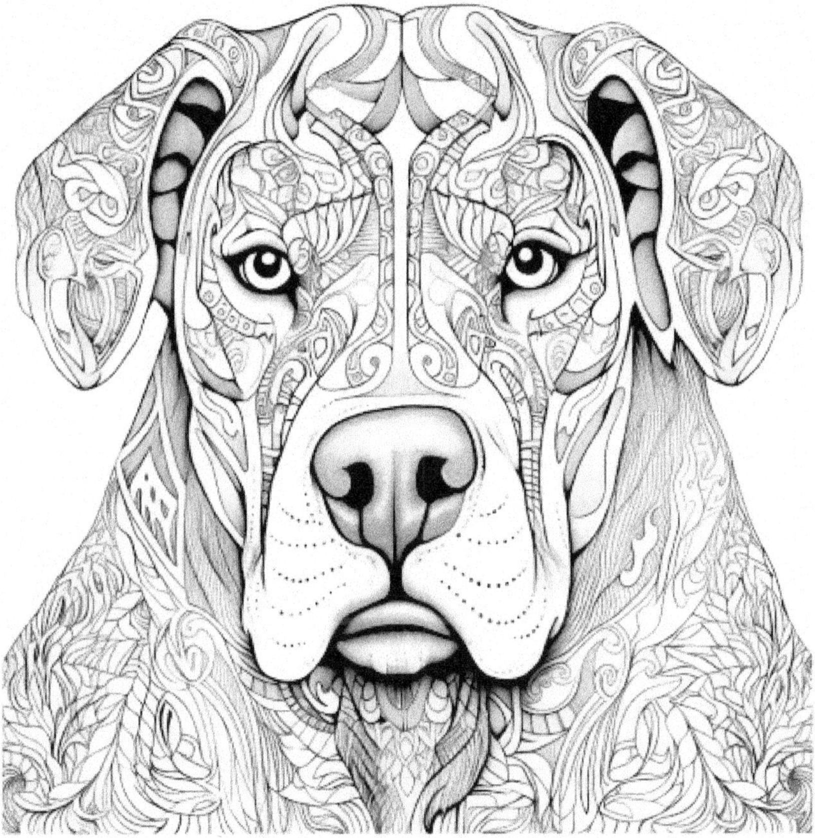

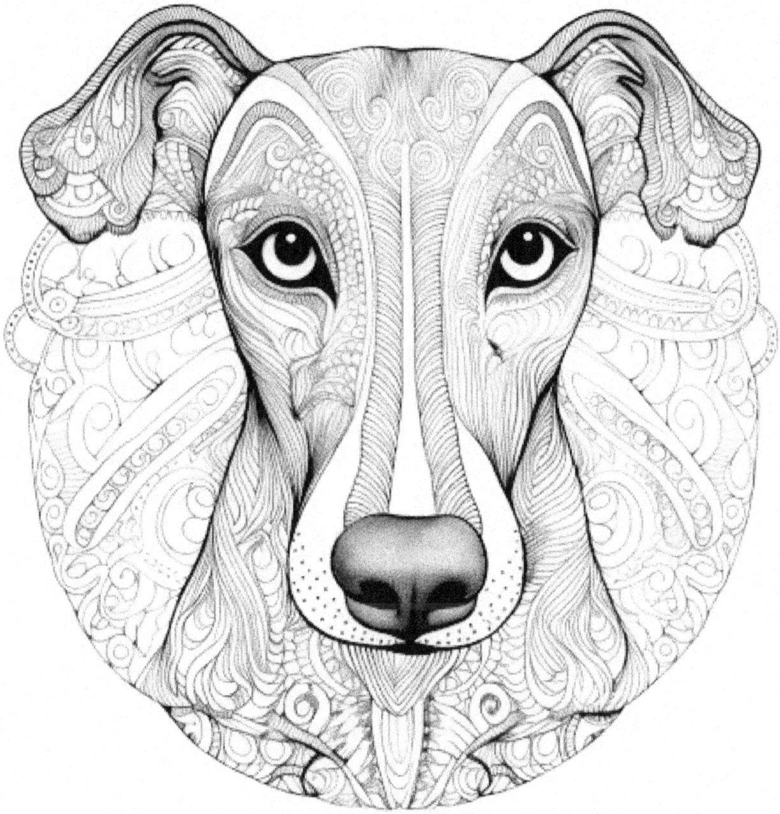

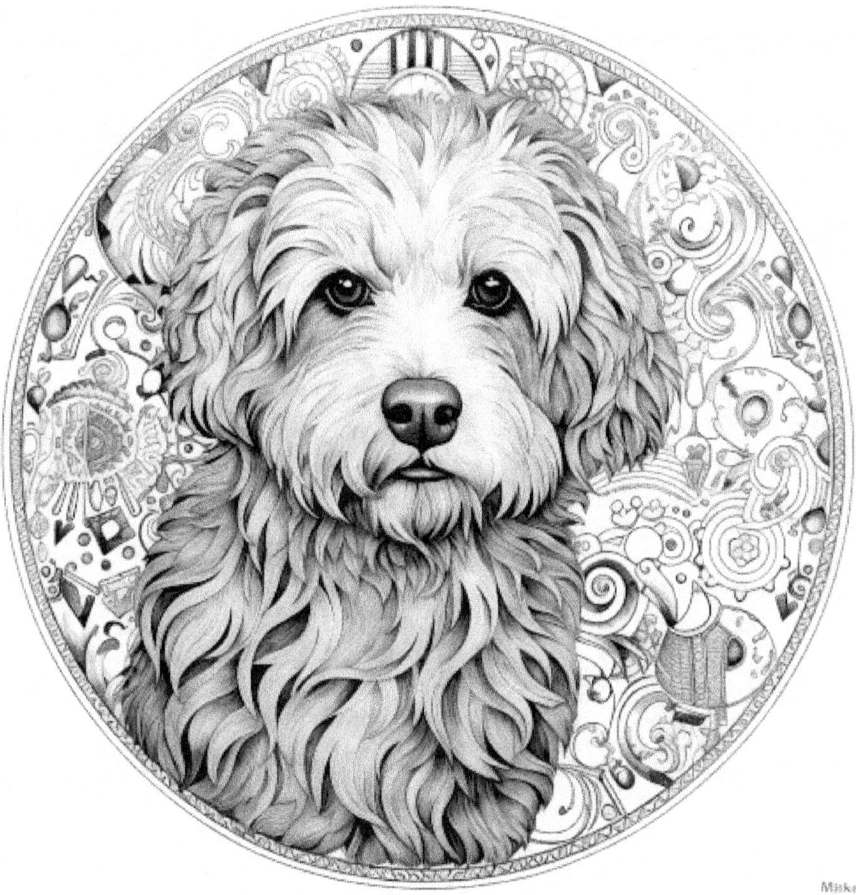

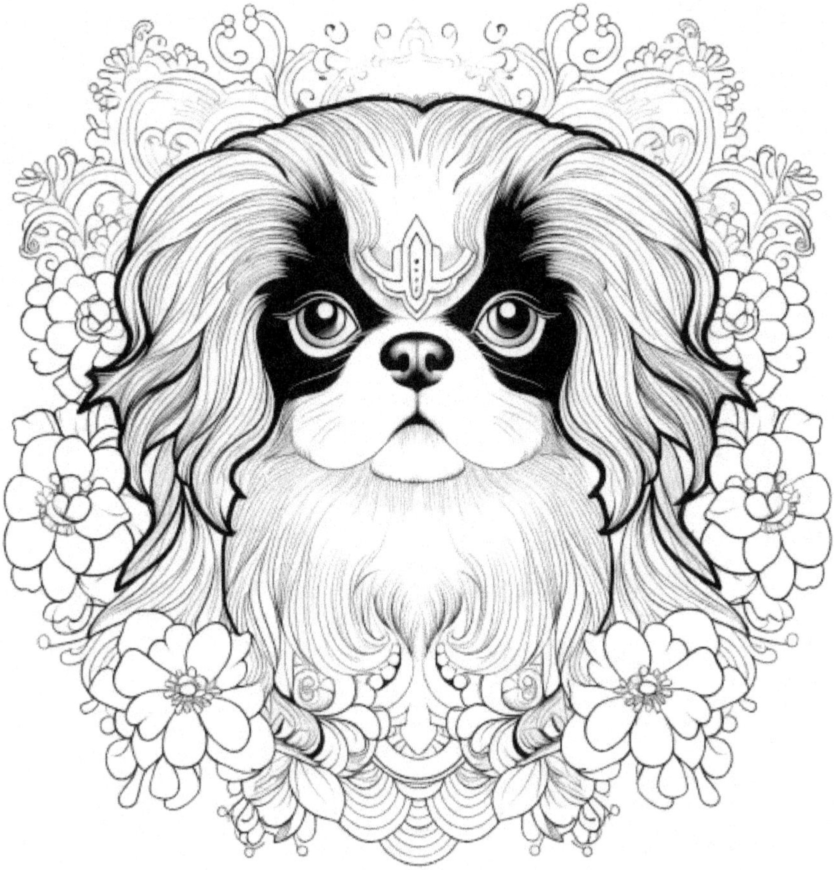

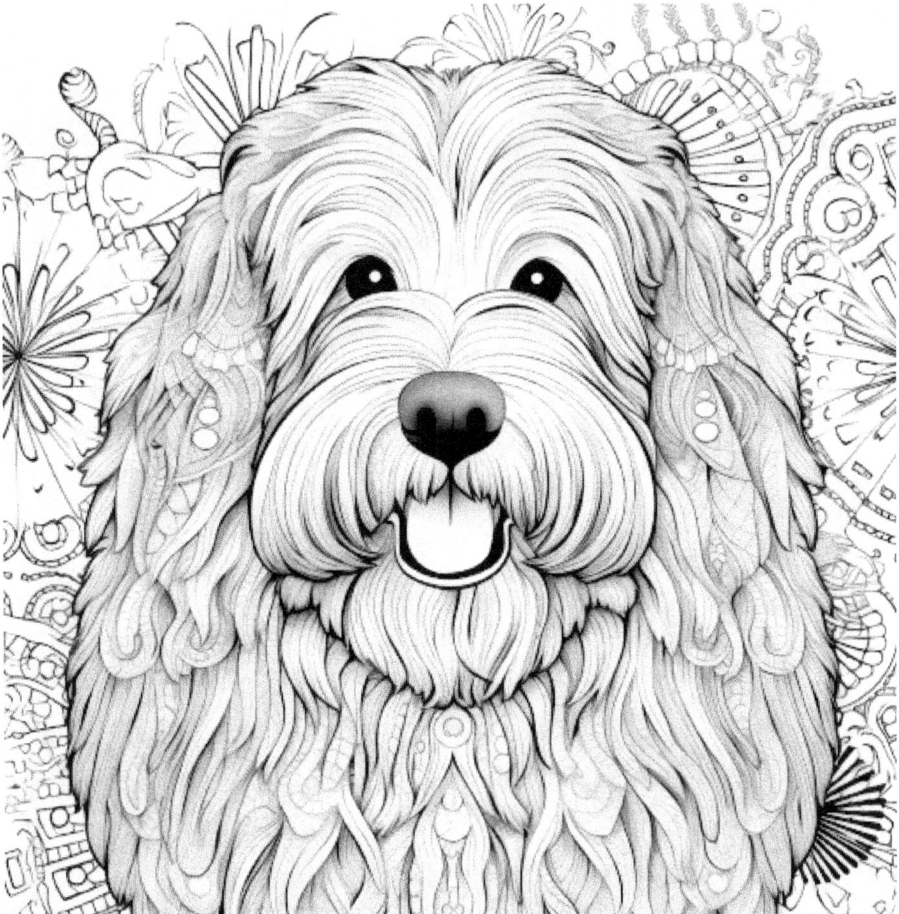

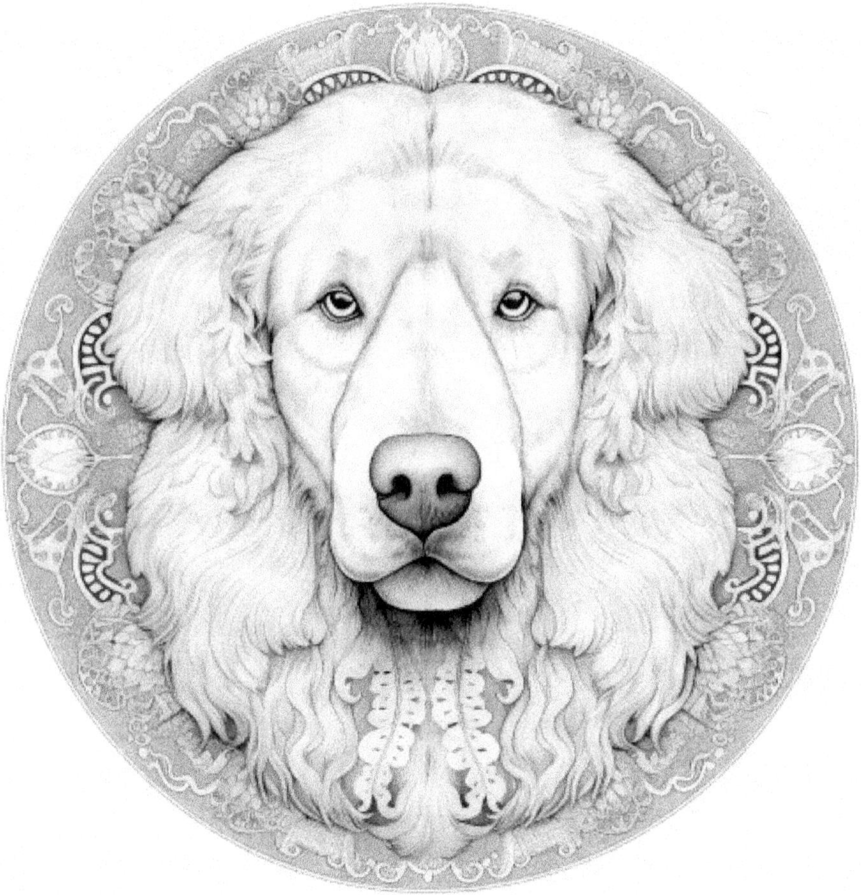

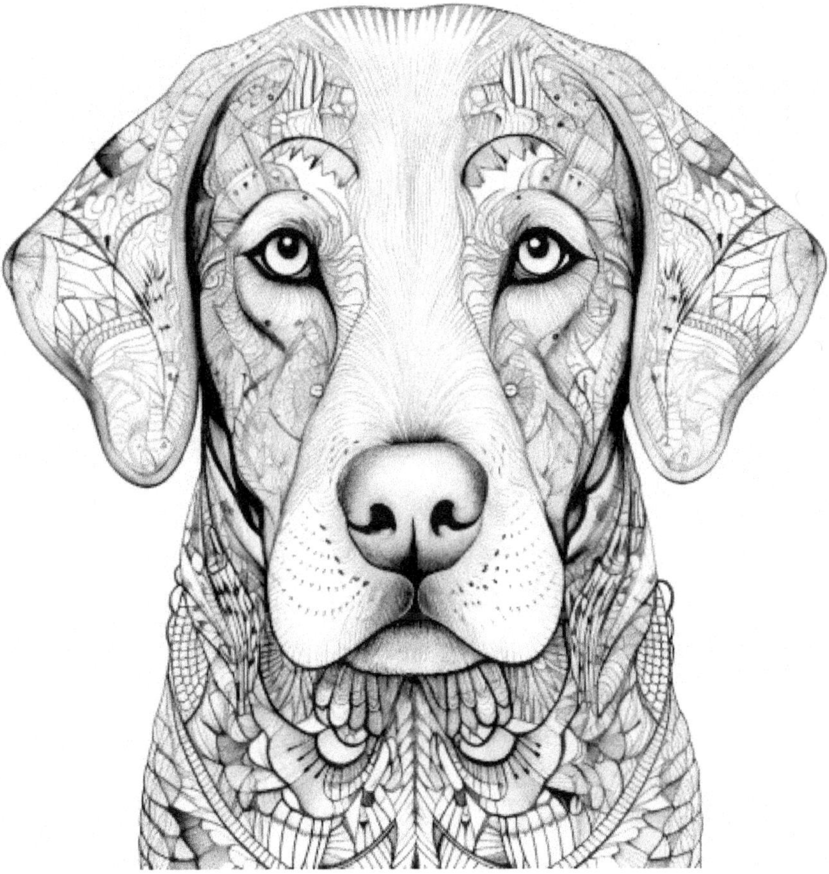

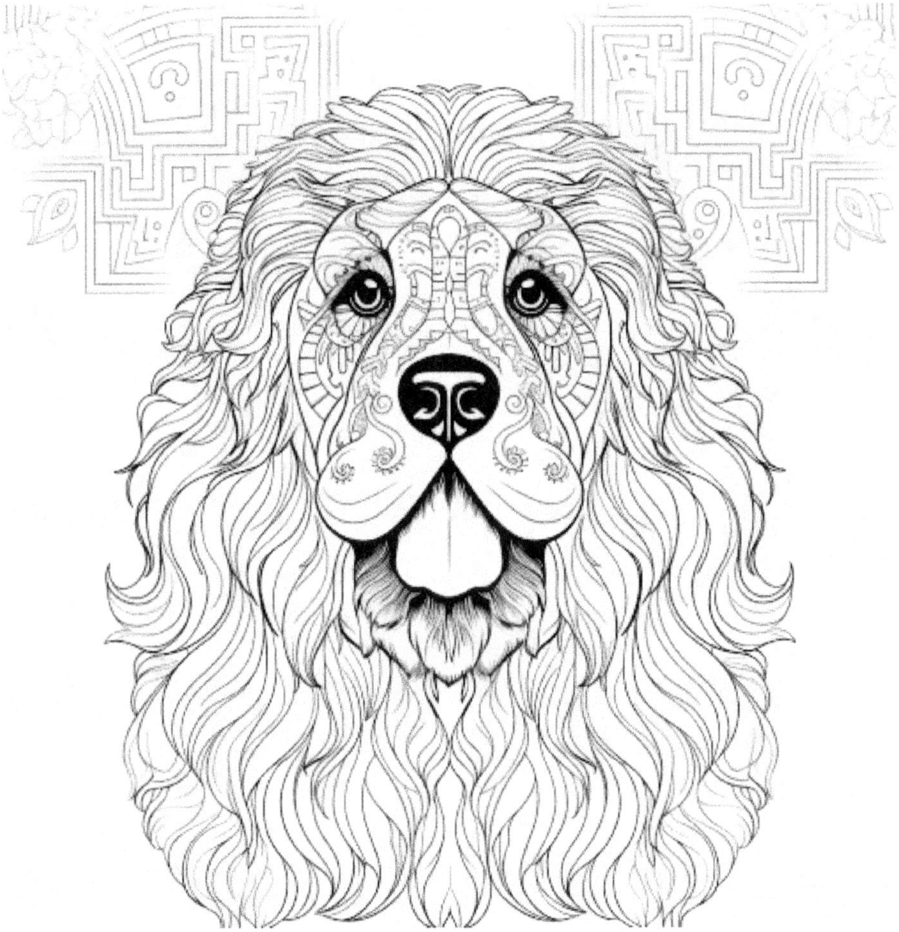

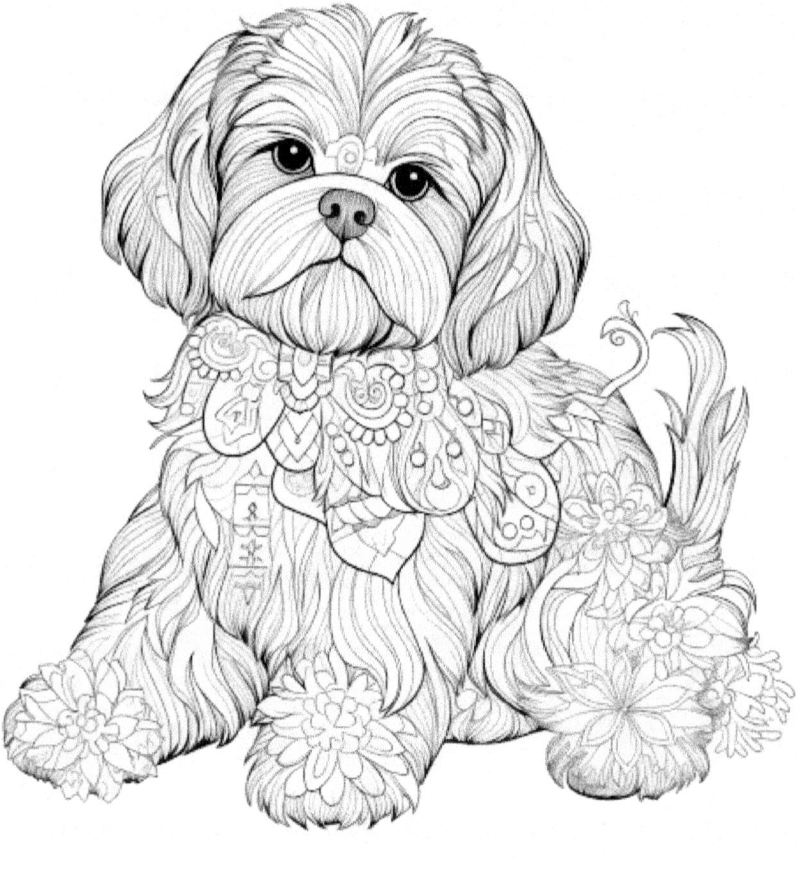

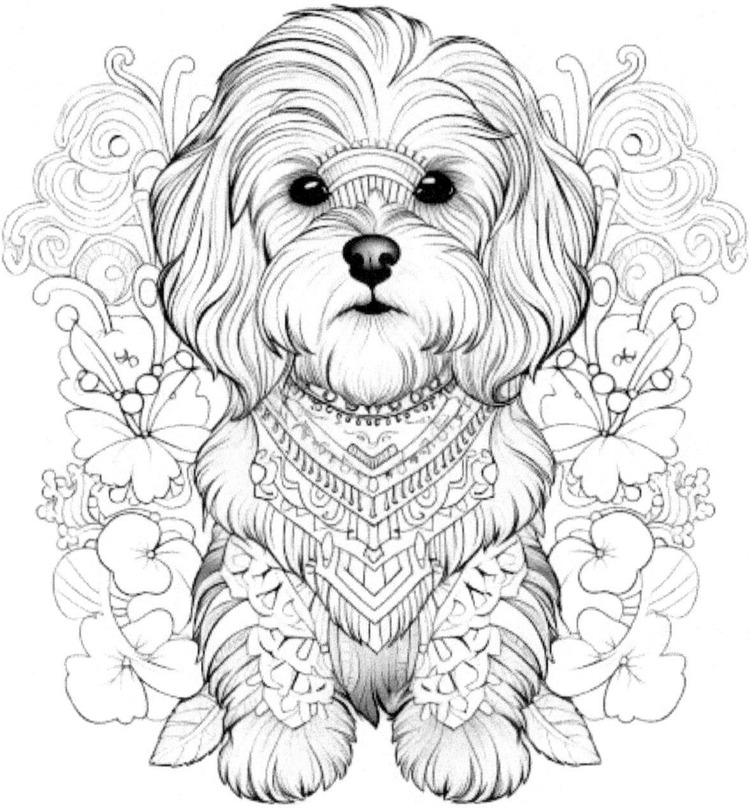

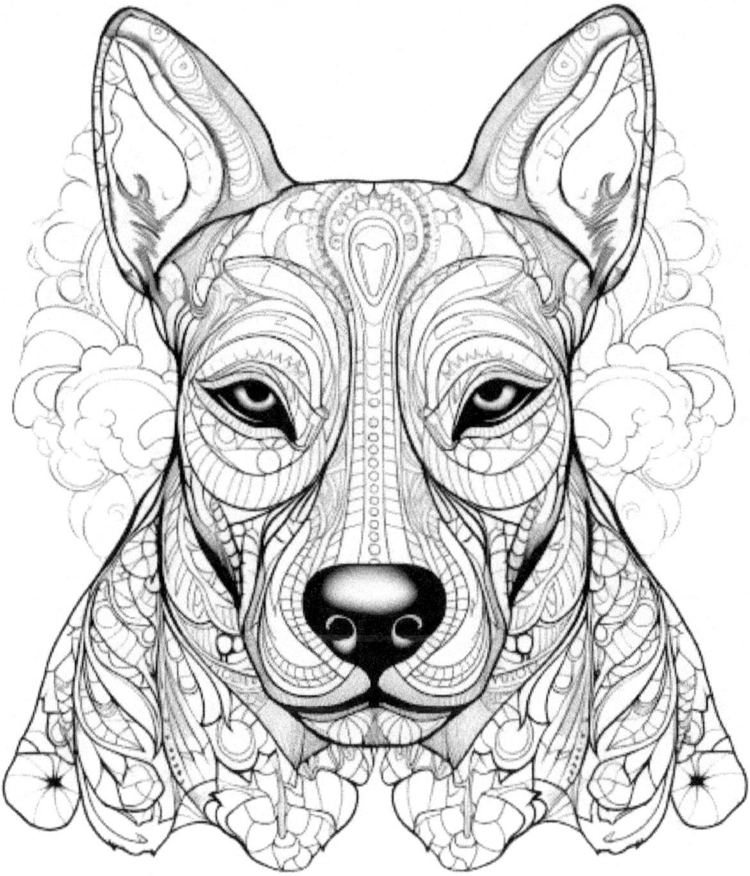

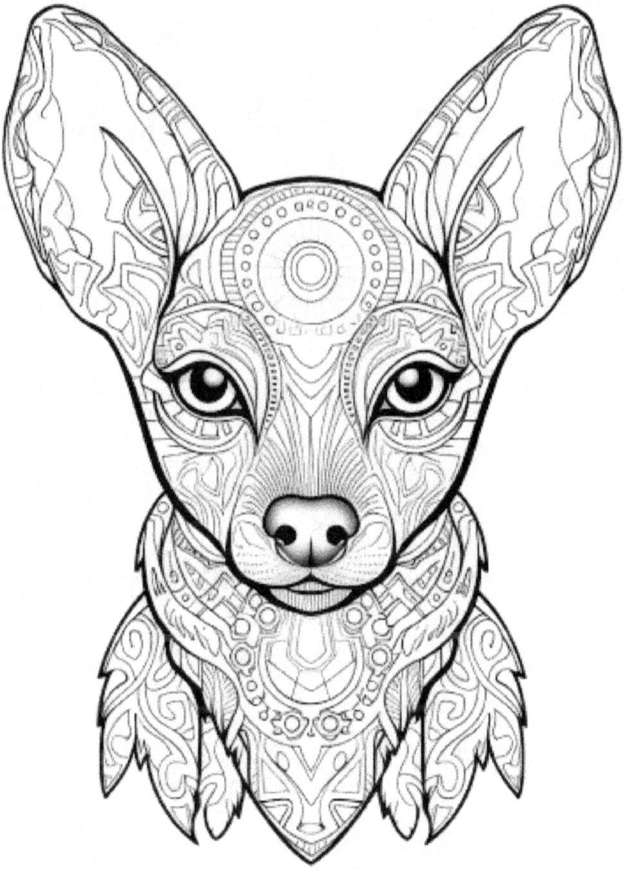

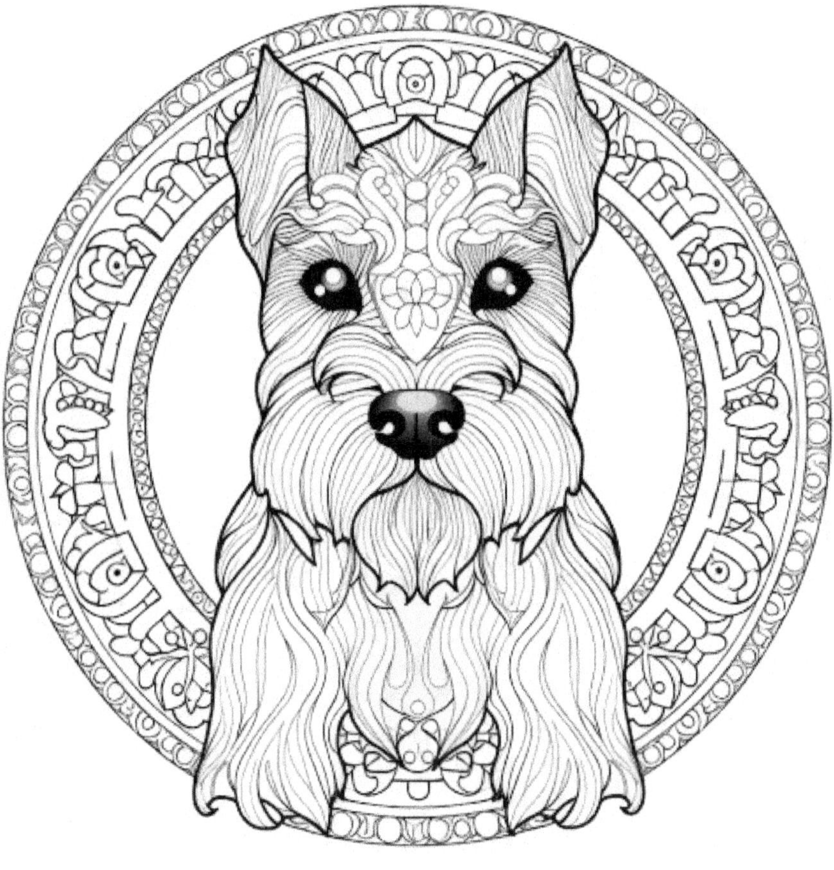

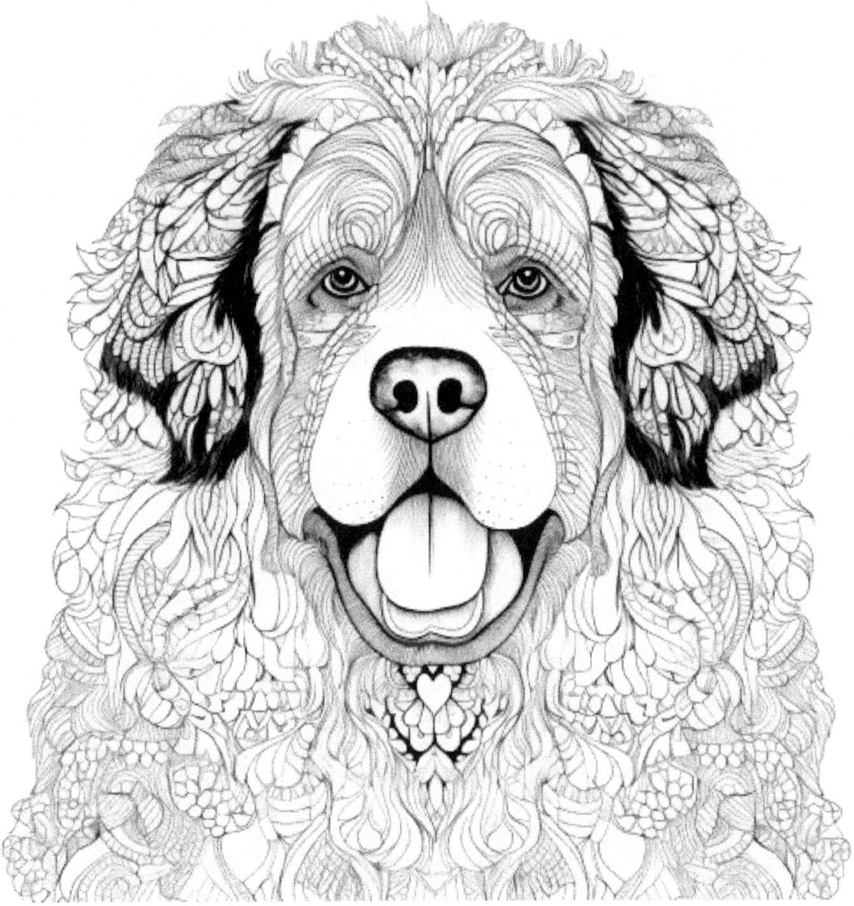

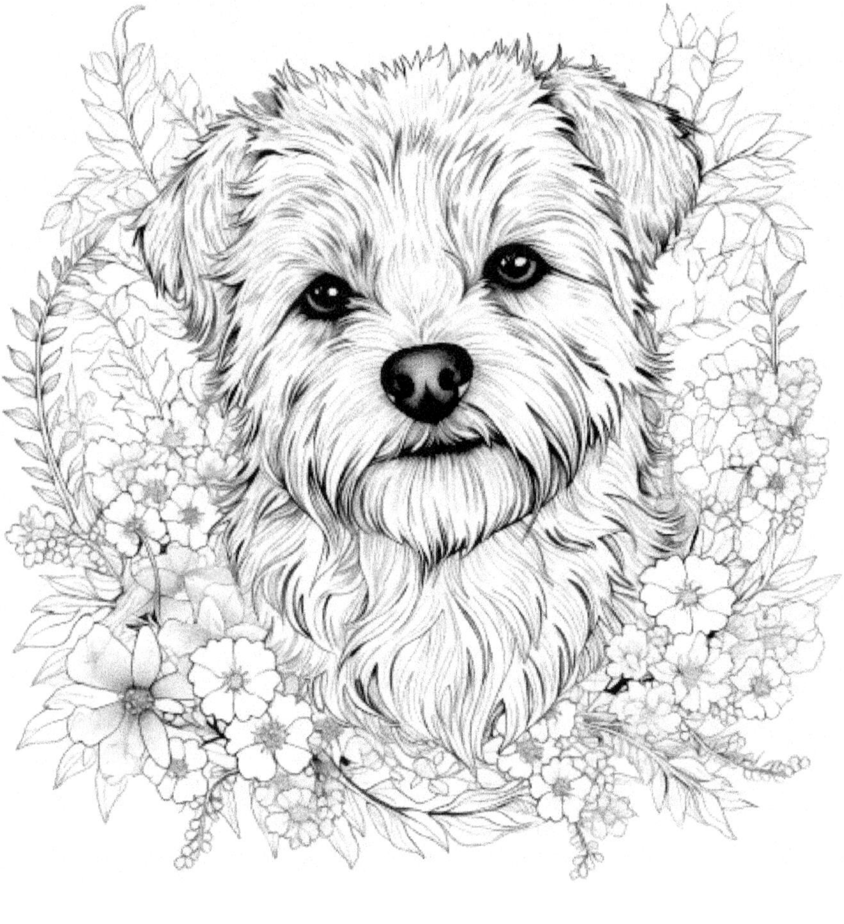

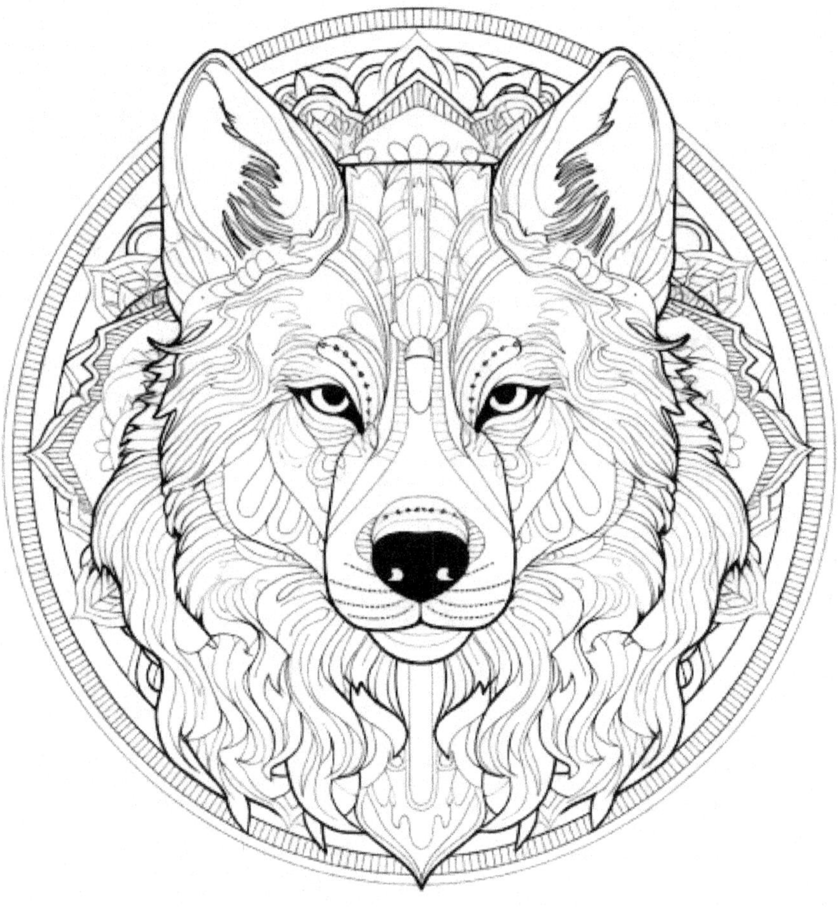

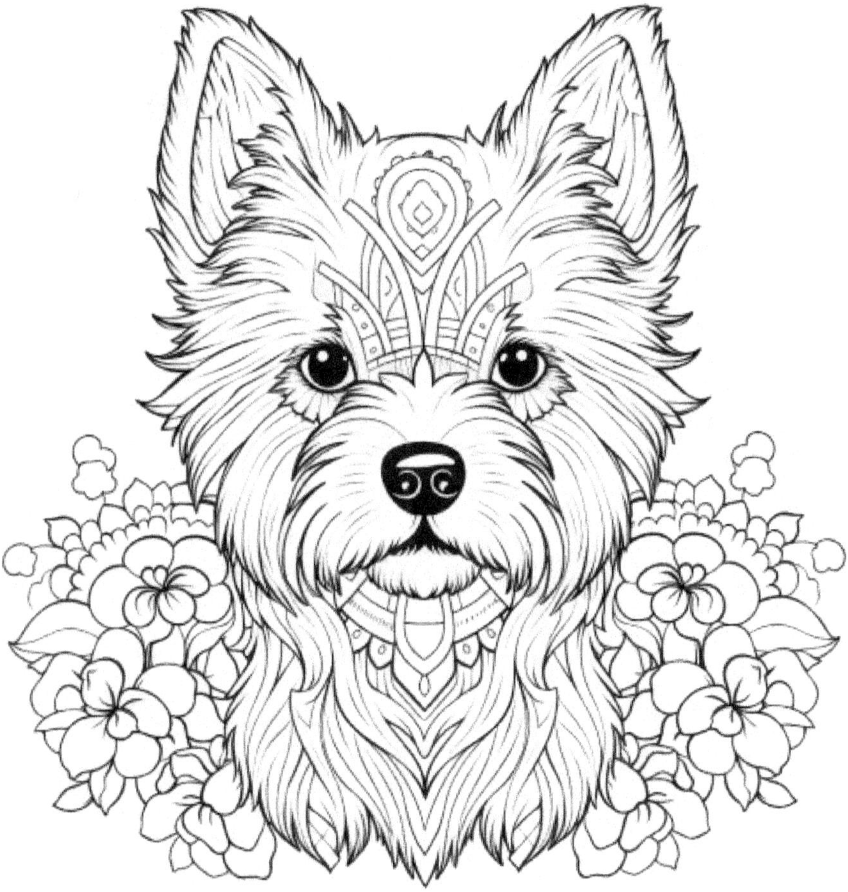

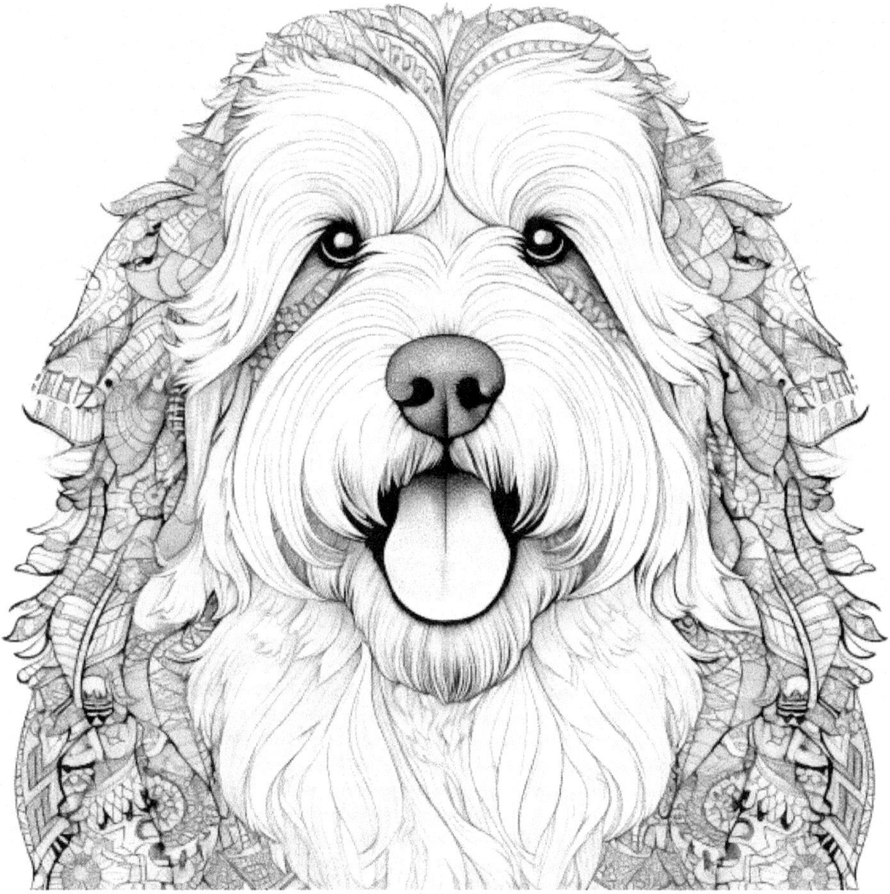

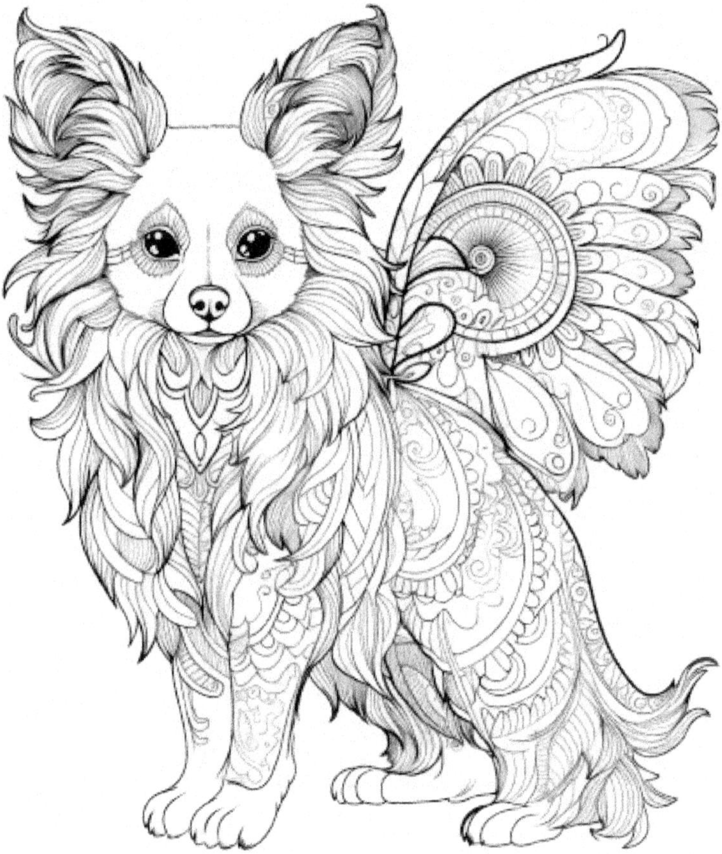

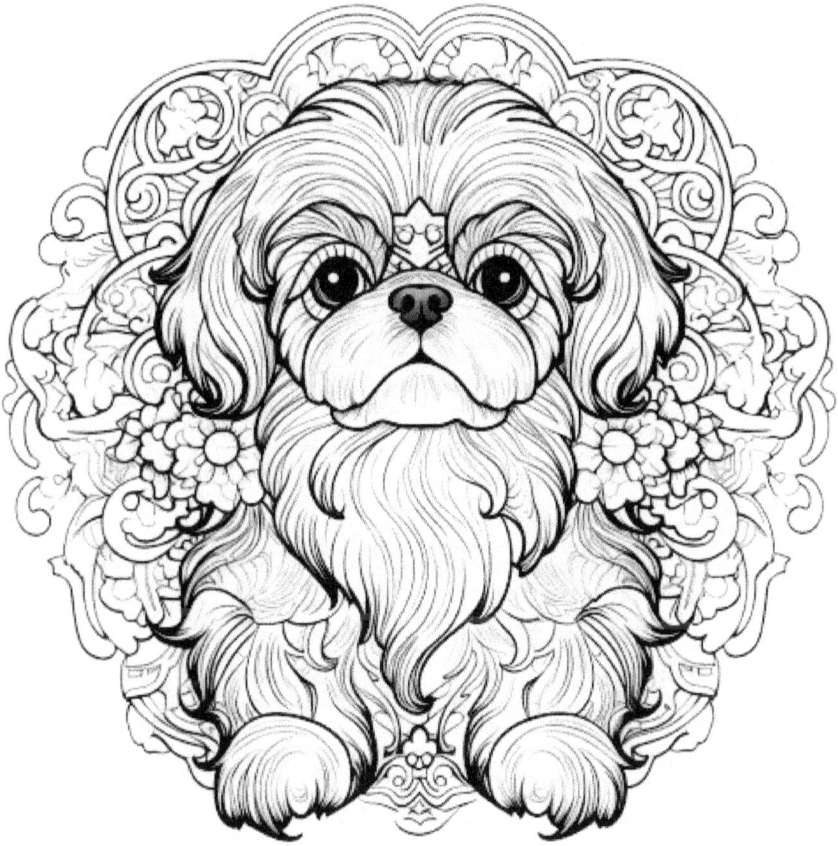

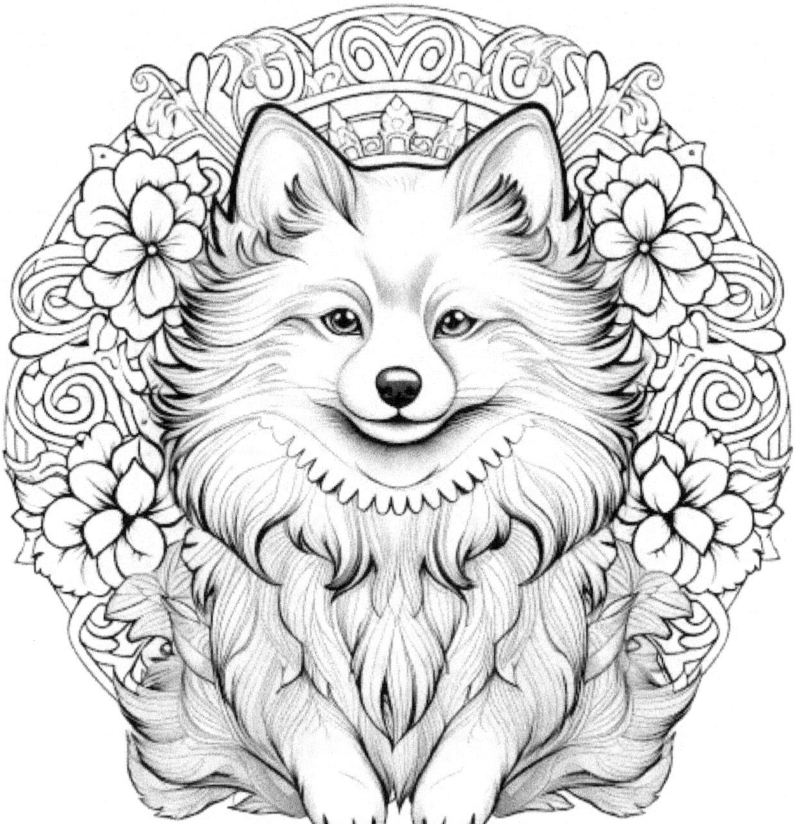

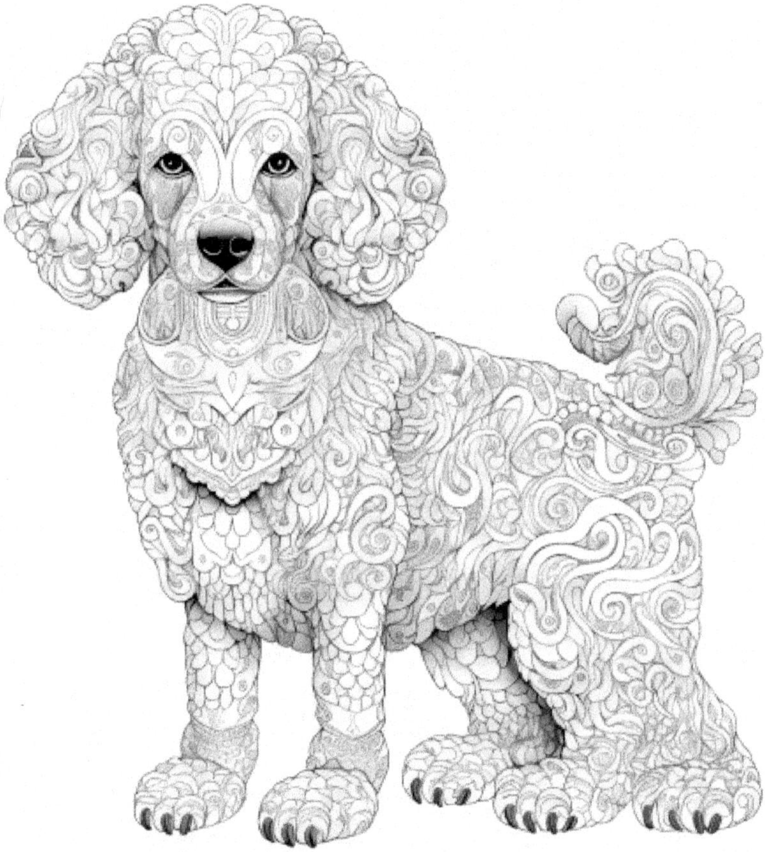

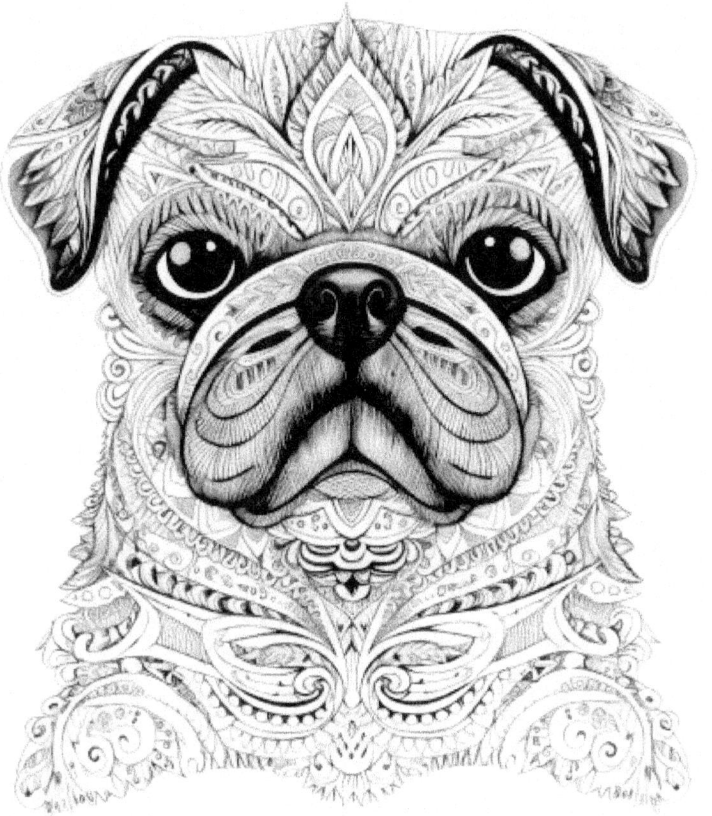

www.ingramcontent.com/pod-product-compliance
Lightning Source LLC
Chambersburg PA
CBHW070433220526
45466CB00004B/1665
* 9 7 9 8 3 9 6 2 0 9 4 0 4 *